Renée Holler

Leselöwen

Ritter-Wissen

Illustrationen von Silvia Christoph

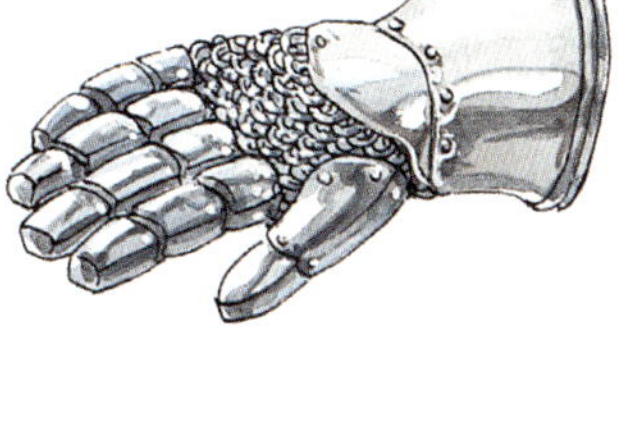

Loewe

Bibliografische Information Der Deutschen Bibliothek
Die Deutsche Bibliothek verzeichnet diese Publikation in der Deutschen Nationalbibliografie; detaillierte bibliografische Daten sind im Internet über *http://dnb.ddb.de* abrufbar.

Der Umwelt zuliebe ist dieses Buch auf chlorfrei gebleichtem Papier gedruckt.

ISBN 3-7855-5026-X – 1. Auflage 2004

Umschlagillustration: Silvia Christoph
Umschlaggestaltung: Andreas Henze
Gesamtherstellung: sachsendruck GmbH, Plauen
Printed in Germany

www.loewe-verlag.de

Inhalt

Ein unvergesslicher Tag

Heute ist Pfingstsonntag. Benno und sein Bruder Konrad sind schon ganz aufgeregt. Denn an diesem Tag werden die beiden Söhne von Kaiser Friedrich zu Rittern geschlagen. Die ganze Stadt hat sich bereits versammelt, um sich das Ereignis anzuschauen. Auch Benno und Konrad sind mit dabei.

„Unglaublich“, murmelt Konrad plötzlich leise.

„Was ist?“, fragt Benno seinen Bruder.

„Schau mal da“, erwidert Konrad. „Der Junge dort drüben mit dem Messer.“

Neugierig blickt sich Benno um. Jetzt hat auch er den barfüßigen Jungen entdeckt. Mit gezückter Waffe nähert er sich gerade einem eleganten Bürger, der in der Menge steht. Das Messer in der Hand des Jungen blinkt kurz auf.

„Der will den Mann umbringen!“, stößt Benno hervor. Doch sein Bruder schüttelt den Kopf. „Schau dir mal an, was der kleine Gauner macht“, sagt Konrad.

Die beiden beobachten, wie sich der Junge dem Mann von hinten nähert, vorsichtig nach dessen Geldbeutel greift, der am Gürtel des Mannes herunterhängt, und ihn blitzschnell abschneidet. Unbemerkt lässt er den Beutel in seinen Sack fallen. Und schon schleicht er sich an den nächsten Zuschauer heran.

„Das ist bereits der dritte Geldbeutel, den er hier geklaut hat“, klärt Konrad seinen Bruder auf. „Wir müssen unbedingt etwas tun, bevor dieser Gauner alle Gäste auf dem Hoftag ausraubt.“ Kurz entschlossen ruft er laut: „Dieb!“, hetzt an den Leuten vorbei und will sich auf den Jungen stürzen. Doch der reagiert sehr schnell. Er wirft sich seinen Sack über die Schulter und rast leichtfüßig in Richtung Verkaufsbuden davon.

„Schnell hinterher“, befiehlt Konrad Benno und nimmt die Verfolgung auf.

Der Dieb flitzt im Zickzack um Buden und Stände herum. Vorbei an einem Tisch, an dem frischer Hefekuchen angeboten wird; um einen Kessel herum, in dem ein Eintopf brodelt. Die Brüder sind dem Jungen dicht auf den Fersen, doch der behält seinen Vorsprung. Erst am Gänsestand hält er kurz an. An einem langen Spieß werden hier knusprige Gänse über einem Holzkohlenfeuer geröstet. Der Junge dreht sich um und winkt seinen Verfolgern verschmitzt zu. Dann packt er sich ein Stück Gänsebraten und ist kurz darauf wie vom Erdboden verschluckt.

„So ein Mist“, flucht Konrad. „Der ist uns glatt durch die Lappen gegangen.“ Enttäuscht schaut er sich im dichten Gedränge um.

„Wir haben sowieso keine Zeit, Diebe zu jagen“, tröstet ihn Benno. „Kaiser Friedrich wird jeden Augenblick mit seiner Familie aus der Kirche kommen. Ich will auf keinen Fall verpassen, wie er seine beiden Söhne zu Rittern schlägt.“

„Du hast Recht“, gibt Konrad zu. „Dann lass uns mal nach einem Platz suchen, von wo aus wir genug sehen können.“

Zur Feier des Tages hat der Kaiser vor den Stadtmauern eine riesige Zeltstadt errichten lassen. Hier gibt es nicht nur einen Turnierplatz, sondern auch eine Holzkirche, in der wichtige Festlichkeiten stattfinden. Die Jungen sehen den Kirchturm schon von weitem. Inzwischen haben sich dort aber schon so viele Menschen versammelt, dass es schwer ist, sich einen Weg durch die Menge zu bahnen.

„Ich habe eine Idee“, ruft Konrad und läuft auf einen Baum zu, der neben einer Bierbude steht. Er klettert hinauf und schwingt sich über einen breiten Ast.

„Der beste Logenplatz“, ruft er seinem Bruder zu und baumelt mit den Beinen. „Von hier aus hat man eine einmalige Aussicht.“

Schnell klettert Benno nach. Tatsächlich kann man vom Baum aus alles hervorragend überblicken, vor allem den Kirchplatz. Dort haben sich mittlerweile Ritter

auf ihren herausgeputzten Pferden und andere Ehrengäste eingefunden. Als die Kirchturmglocken ertönen, zieht ein Raunen durch die Menge.

„Da, der Kaiser!“, ruft Konrad von seinem Hochsitz aus. In diesem Moment tritt ein Mann in einem purpurnen Mantel und mit einer prächtigen Krone auf dem Kopf aus der Kirche. Er wird von seiner Frau, Kaiserin Beatrix, begleitet. Gleich dahinter folgen ihre beiden Söhne, die ebenfalls Festgewänder tragen. Und dann sehen

Konrad und Benno einen endlosen Strom geladener Gäste: den Bischof von Mainz, Kardinäle, Fürsten, Grafen und andere Edelleute aus dem ganzen Abendland.

„Die beiden Kaisersöhne Friedrich und Heinrich haben in der Kirche gerade ihr Ritterversprechen abgelegt“, erklärt Konrad seinem Bruder.

„Weiß ich doch“, erwidert Benno. „Und jetzt werden sie zu Rittern geschlagen.“ Er hält den Atem an. „Der Kaiser ...“

„Dieser Halunke!“, unterbricht ihn Konrad.

„Was?“ Benno starrt seinen Bruder entsetzt an.

„Der Säckelschneider!“ Ohne ein weiteres Wort springt Konrad vom Baum herunter und landet geschickt auf der Erde. Benno beobachtet von oben, wie sein Bruder den Jungen verfolgt, sich auf ihn stürzt und ihn zu Boden wirft. Der Dieb versucht, sich zu wehren, doch Konrad ist der Stärkere und gewinnt die Oberhand.

Inzwischen haben die beiden Kampfhähne die Aufmerksamkeit zweier Wachmänner erregt. Und noch bevor Benno vom Baum springen kann, um seinem Bruder zu helfen, wird der Junge von den beiden Männern abgeführt.

Atemlos klettert Konrad wieder auf den Baum. „Habe ich was versäumt?“, fragt er, während er sich die Hände reibt.

Benno schüttelt den Kopf. „Du kommst noch rechtzeitig. Die Kaisersöhne haben sich gerade vor ihren Vater gekniet. Jetzt spricht er zu ihnen, aber ich kann nicht verstehen, was er sagt.“

Da sehen die beiden, wie der Kaiser sein Schwert hebt und mit der flachen Klinge beide Schultern des älteren Sohnes berührt. Anschließend gürtet er dem jungen Mann ein Schwert um. Neben dem Kaiser wartet schon ein Knappe mit einem prächtigen Streitross, das der frisch gebackene Ritter jetzt besteigt. Gebannt beobachten die Menschen, wie auch der zweite Sohn zum Ritter geschlagen wird. Dann kann sich das Publikum nicht mehr halten: Ein tosender Beifall bricht los.

„Jetzt sind die beiden richtige Ritter", sagt Benno stolz.

„Den Pfingstsonntag 1184 werden wir bestimmt nicht so schnell vergessen", meint Konrad vergnügt. „Schließlich habe ich einen Dieb gestellt ... Ach ja, und außerdem sind noch die Kaisersöhne zu Rittern geschlagen worden." Da muss Benno lachen, und beide Jungen stimmen in den Jubel der Menge ein.

Wie man Ritter wurde

Wer Ritter werden wollte, musste mit sieben Jahren in einer fremden Burg in Dienst treten.

Als **Pagenjunge** bediente er dort die Burgfrau. Er lernte gute Manieren und manchmal auch Lesen und Schreiben.

In der Burg lernte der Pagenjunge auch, wie man mit Waffen umging. Dazu benutzte er anfangs oft nur ein Holzschwert. Erst später durfte er richtige Waffen verwenden.

Ritter mussten sattelfest sein. Um dies zu üben, konnte ein Page eine Stechpuppe benutzen, die an einem drehbaren Balken befestigt war. Er musste versuchen, die Puppe im vollen Galopp mit seiner Lanze zu treffen. Wenn er nicht schnell genug war, wurde er von einem Sandsack am Ende des Balkens vom Pferd geschubst.

Mit 14 Jahren wurde der Page einem Ritter zugeteilt. Jetzt war er ein **Knappe** und durfte seinen neuen Herrn überallhin begleiten.

Der Knappe bediente seinen Herrn und kümmerte sich um dessen Pferd. Weitere Aufgaben waren, dem Ritter vor einem Turnier oder einer Schlacht in sein Rüstung zu helfen und diese regelmäßig zu putzen.

Wenn sich der Knappe nach sieben Jahren Ausbildung bewährt hatte, wurde er in einer feierlichen Zeremonie zum Ritter geschlagen. Jetzt erhielt er seine eigene Ausrüstung: Schwert, Rüstung, Schild und Pferd.

Retter in der Not

„Wir brauchen noch mehr als einen Tagesmarsch?“ Egwin starrt Pater Alfons entsetzt an. Er hat keine Lust mehr, den matschigen Waldweg entlangzulaufen.

„Das sind ja tolle Aussichten“, stöhnt seine Schwester Hermine. Ihre Schuhe drücken, die Beine schmerzen. „Wenn wir doch nur schon bei Tante Gundel wären.“

Die beiden Waisen reisen mit Pater Alfons, der sie zusammen mit seinem Novizen Pippin nach Aschaffenburg bringen soll. Weil es für Reisende besser ist, nicht alleine durch den Spessart zu ziehen, haben sie sich bereits in Würzburg dem Tuchhändler Lothar angeschlossen, der mit seiner Frau Gerlinde in der gleichen Richtung unterwegs ist. Am Rand des großen Waldes hat sich noch der Kesselflicker Jakob zu der Gruppe gesellt.

„Wenn nur dieser Weg nicht so uneben wäre“, beschwert sich Hermine schon wieder. „Überall Steine, Schlaglöcher, Baumwurzeln ...“

„Ich weiß gar nicht, wieso du ständig jammerst“, unterbricht sie Pippin. „Du hättest mal die steilen Trampelpfade in den Alpen sehen sollen. Pater Alfons wäre dort beinahe in eine tiefe Schlucht gestürzt.“

„Mir ist das hier anstrengend genug“, erwidert Hermine schnippisch. „Und nur weil du in Rom auf Pilgerreise warst, brauchst du nicht gleich so anzugeben.“

„Ist ja schon gut“, räumt der Novize ein.

Schweigend wandern sie weiter. Allen voran Lothar, der ein Ross am Zügel führt.

Es ist vor einen schwer beladenen Karren gespannt, auf dem Lothars Frau Gerlinde sitzt. Dahinter stapft Jakob, gefolgt von den Geschwistern, Pippin und dem Pater.

„Und jetzt?“ Der Tuchhändler bleibt ratlos vor einer Wegkreuzung stehen.

„Weiter geradeaus“, verkündet Jakob.

„Sind Sie sich da auch ganz sicher?“ Gerlinde mustert die Umgebung. „Diese Wege schauen alle gleich aus: Bäume, Bäume und noch mehr Bäume.“

Doch der Kesselflicker kennt den Weg, und obwohl Gerlinde immer noch zweifelt, setzt die Gruppe ihre Reise fort.

„Man kann sich hier leicht verirren“, rechtfertigt sich Gerlinde. „Es soll hier überall Sümpfe geben, in denen schon viele Reisende versunken sind.“

„Genau“, stimmt ihr Jakob zu. „Das ist eine gefährliche Gegend, wenn man vom Weg abkommt. Aber es gibt noch was Schlimmeres als diese Sumpfgebiete: Raubritter.“

„Raubritter?“, staunt Egwin. „Gibt es die denn wirklich?“

„Na klar. Sie warten in den Wäldern auf Reisende, die sie dann überfallen. Manchmal morden sie auch ...“

„Oje“, seufzt Gerlinde. „Was machen wir denn, wenn wir diesen Raubrittern in die Hände fallen? Wir hätten uns doch einem der großen Wagenzüge anschließen sollen. Die werden wenigstens von bewaffneten Männern begleitet.“

„Keine Angst“, beruhigt sie ihr Mann. „Niemand traut sich, einen Pilger wie Pater Alfons anzugreifen.“

„Da wäre ich mir nicht so sicher“, grinst Jakob. „Von den Raubrittern von Rottenberg erzählt man, dass sie selbst vor heiligen Männern nicht Halt machen."

Egwin schaudert. Der dunkle Wald ist ihm mit einem Mal unheimlich. Ständig meint er, Schritte hinter sich zu hören. Doch außer den Buchen und Fichten ist nichts zu sehen. Eine Brise lässt die Baumwipfel rauschen, und dann raschelt es neben ihm im Unterholz. Morsche Zweige knacken.

„Raubritter!", ruft er plötzlich so laut, dass das Echo im Wald widerhallt.

Dunkle Schatten brechen aus dem Gestrüpp hervor. Sie preschen über den Weg und sind schon wieder auf der anderen Seite im Dickicht verschwunden.

„Wildschweine", grinst Egwin verlegen, und alle lachen.

Wenig später bleibt Lothar schon wieder stehen. „Das gefällt mir ganz und gar nicht", brummt er.

Oben zwischen den Baumwipfeln kann man den Himmel sehen, wo sich dunkle

Wolken zusammengebraut haben. Ein grellgelber Blitz zuckt auf. Erste schwere Tropfen landen zwischen den Ästen auf dem weichen Waldboden.

„Ein Unwetter", stellt Egwin fest. Doch als er einen Baumstamm quer über dem Waldweg liegen sieht, weiß er, dass Lothar nicht vom Gewitter spricht.

Dann passiert alles blitzschnell. Fast lautlos stürzen ein paar Gestalten auf ihren Pferden zwischen den dunklen Fichten hervor. Die Reiter umzingeln die Reisenden mit gesenkten Lanzen. Einer der Männer steigt aus seinem Sattel und kommt mit rasselnder Rüstung auf Hermine zu.

„Her mit eurem Geld“, droht er und setzt seine Schwertspitze an den Hals des Mädchens.

Pater Alfons faltet seine Hände und fängt an zu beten. Egwins Herz schlägt bis zum Hals. Er muss seine Schwester retten! Plötzlich hört er dumpfe Hufschläge: Noch mehr Reiter kommen angaloppiert.

„Jetzt sind wir endgültig geliefert“, denkt er.

Im nächsten Augenblick herrscht ein fürchterliches Durcheinander. Ein Ritter mit Federbusch am Helm reitet mit hoch erhobener Lanze auf die Raubritter zu, andere Reiter folgen. Ein lautes Donner-

grollen übertönt das Hufgeklapper und Wiehern der Pferde.

„Jetzt verstehe ich gar nichts mehr“, sagt Hermine mit weit aufgerissenen Augen, als die Raubritter wenig später in den Wald davonpreschen. Die Reisenden stehen verdattert im strömenden Regen. Gerlinde schluchzt laut auf. Pater Alfons betet noch immer. Da gleitet der Ritter mit dem Federbusch am Helm aus dem Sattel, nimmt seinen Topfhelm vom Kopf und verbeugt sich vor der Gruppe.

„Ritter Ulrich von Lichtenstein“, stellt er sich vor. „Turnierreiter und Dichter. Stets zu Ihren Diensten.“

Fassungslos starren alle den Mann an.

„Das ist ja gerade nochmal gut gegangen“, murmelt Egwin, als er endlich die Sprache wiedergefunden hat.

„Das kannst du laut sagen“, nickt Hermine. „Wir können von Glück reden, dass ein Glücksritter mit seinem Gefolge genau im richtigen Augenblick aufgetaucht ist.“

Ritter und Rüstung

Bei Rittern handelte es sich um berittene Soldaten, die für ihren König oder Fürsten in den Krieg zogen. Das Wort Ritter kommt von Reiten.

Normannenhelm mit Nasenschutz

Topfhelm

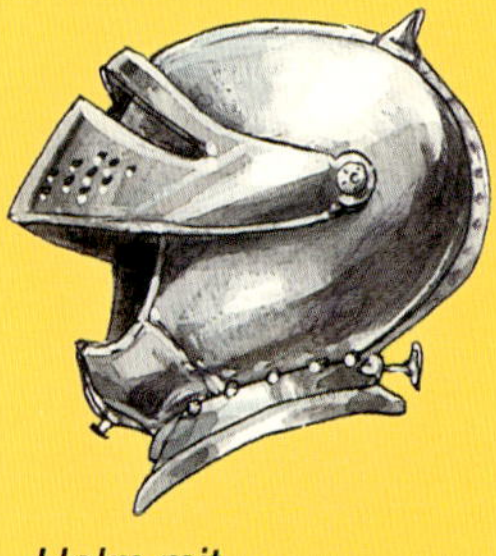

Helm mit beweglichem Visier

Auf dem Kopf trugen Ritter schwere Eisenhelme. Es gab einfache Normannenhelme mit Nasenschutz, später Topfhelme mit Augenschlitzen und schließlich komplizierte Helme mit beweglichen Visieren.

1 Die ersten **Ritterrüstungen** bestanden aus Kettenhemden. Tausende von kleinen Eisenringen bildeten ein dichtes Geflecht.

2 Ab dem 13. Jahrhundert wurden zusätzlich eiserne Platten an Brust und Beinen angebracht.

3 Noch später waren Ritter dann von Kopf bis Fuß in Blech eingehüllt. Blechrüstungen wogen bis zu 30 kg.

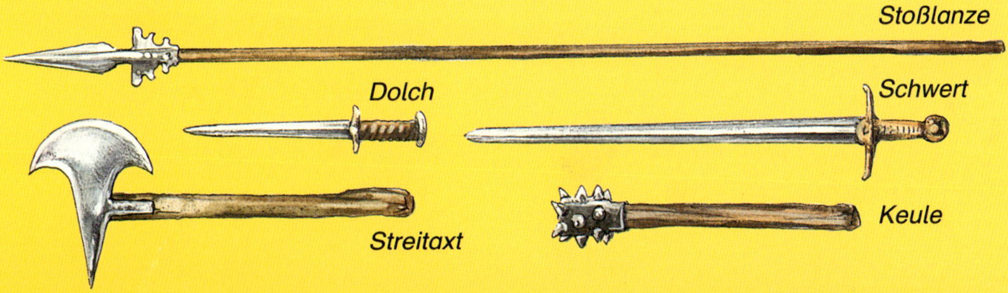

Ritter trugen einen Schild und eine schwere Stoßlanze. Daneben kämpften sie mit Streitaxt, Schwert, Dolch und eisernen Keulen.

Im letzten Augenblick

„Wir müssen den Ritter Gottfried von Falkenberg unbedingt warnen“, sagt Agnes entschlossen und stellt den schweren Korb auf dem Boden ab. Eigentlich soll sie für ihren Vater Brötchen verkaufen, doch das kann warten.

Der Plattnerlehrling Michel blickt seine Freundin ungläubig an. „Ich verstehe immer noch nicht, wovon du redest.“

„Ich habe es dir doch gerade eben erklärt.“ Ungeduldig stemmt Agnes beide Arme in die Hüften. „Ein paar Männer haben den Knappen des Ritters bestochen. Der Knappe soll einen Rosendorn unter dem Sattel des Pferdes seines Herrn befestigen. Wenn der Ritter dann in seinen Sattel steigt, scheut der Gaul und wirft ihn ab. Der Ritter verliert den Wettkampf, und die Übeltäter gewinnen das ganze Wettgeld.“

„Und woher willst du das alles wissen?“,

mischt sich der Plattner ein. Er mustert das Mädchen kritisch.

„Mein Vater hat während des Turniers diese Männer, von denen ich gerade gesprochen habe, in der Kammer über unserer Backstube untergebracht“, erklärt Agnes. „Und als ich ihnen heute das Frühstück bringen wollte, habe ich zufällig ihr Gespräch mit angehört.“

Der Plattner lacht laut auf. „Irgendwie habe ich so das Gefühl, dass du mit deiner Geschichte nur Michel von der Arbeit abhalten willst.“ Dann wendet er sich an seinen Lehrling. „Na, lauf schon.

Ich komme auch eine Weile ohne dich aus. Aber versprich mir, dass du gleich nach den ersten Kämpfen wieder zurück in die Schmiede kommst. Du weißt, dass dann immer viel los ist: zerbeulte Rüstungen, verklemmte Visiere ..."

Doch Michel hört längst nicht mehr zu. Er hat Agnes am Arm gepackt. Schon wenig später rennen die beiden am Dom vorbei auf den Marktplatz zu.

„Ich habe in Würzburg noch nie so viele Menschen gesehen", stellt er fest, als sie sich durch das dichte Gedränge schieben. „Angeblich sollen mehr als 5 000 Ritter in der Stadt sein."

„Und wie sollen wir da den Ritter Gottfried von Falkenberg finden?"

Agnes verliert plötzlich den Mut.

„Kein Problem", meint ihr Freund. „Der ist sicher in seinem Rüstungszelt, und das erkennen wir an seinem Wappen."

„Stimmt, ja", ruft Agnes erfreut. „Ein Falke auf rot-grün gestreiftem Grund."

Endlich haben die beiden den Marktplatz erreicht. Dort haben Zimmerleute hölzerne Gerüste mit Bänken für die Zuschauer errichtet. Dicht an dicht sitzen Edeldamen neben Herren, die gespannt auf den ersten Kampf warten. Auf dem Gelände vor der Zuschauer-Tribüne stapfen Knappen emsig hin und her, um letzte Vorbereitungen zu treffen. Prächtige Rüstungen blitzen in der Wintersonne.

Agnes beobachtet das Treiben. Hinter den Tribünen kann sie bunte Banner flattern sehen. „Da sind die Rüstungszelte!“, verkündet sie. „Komm schnell!“

Das kleine Rundzelt von Ritter Gottfried von Falkenberg haben sie schnell gefunden. Agnes zieht die Eingangsplane zur Seite. Doch das Zelt ist leer.

„Und jetzt?“ Sie weiß nicht mehr weiter. Da ertönen Trompeten, gefolgt von einem lauten Trommelwirbel.

„Sucht ihr Ritter Gottfried?“, fragt da ein Stallbursche aus dem Nachbarzelt. „Dann müsst ihr euch beeilen. Er soll schon beim ersten Wettkampf antreten.“

„Und wo können wir ihn finden?“, will Michel wissen.

„Versucht es bei den Pferden", schlägt der Junge vor.

„Bei den Pferden?" Agnes kann es nicht fassen. „Aber hier wimmelt es doch nur so von Pferden."

„Komm schon." Michel zerrt am Arm seiner Freundin. „Wir versuchen es dahinten bei der Schranke, wo sie die Ritter auf den Turnierplatz einlassen." Aber das ist schwieriger, als sie dachten. Zuerst müssen sie sich durch die Menschenmenge zwängen, die auf den Tribünen keinen Platz gefunden hat und jetzt versucht, von der Absperrung aus einen Blick zu erhaschen. Kurz vor der Schranke versperrt ein Seil den Weg.

„Dort!" Michel deutet ans andere Ende des Platzes. „Ich kann ihn sehen. Er trägt einen Schild mit seinem Wappen." Schnell springt er übers Seil.

Eine kräftige Hand packt ihn an der Schulter. „Wohin so eilig?" Es ist einer der Wäppner, der hier Wache steht.

Da handelt Agnes blitzschnell. Sie schlüpft unter der Absperrung hindurch und rast quer über den Platz auf Gottfried von Falkenberg zu. Der will sich gerade in seinen Sattel setzen.

„Nein!", ruft sie, so laut sie kann, und klammert sich mit aller Kraft an seiner Rüstung fest.

Schon stürzen zwei Wäppner auf sie zu und wollen sie festnehmen, doch der Ritter hält die Männer zurück. Aufmerksam hört er zu, was das Mädchen zu berichten hat. Dann begutachtet er seinen Sattel.

„Tatsächlich", murmelt er und zieht einen dicken Dorn aus dem Rücken des Pferdes. „Das hätte böse enden können."

Kurz darauf sitzen Agnes und Michel auf einem Ehrenplatz auf der Tribüne. Eine Fanfare ertönt, und der erste Kampf kann beginnen. Gottfried von Falkenberg senkt seine Lanze und stößt seinem Streitross die Sporen in die Flanken. In wildem Galopp reiten er und ein anderer Ritter

aufeinander zu. Staubwolken wirbeln auf, der Boden bebt, und dann zieht das Krachen der aufeinander prallenden Lanzen wie ein Donner über den Platz. Ein Ritter fliegt durch die Luft und landet unsanft auf dem sandigen Boden. Erleichtert atmet Agnes auf. Ritter Gottfried von Falkenberg sitzt würdevoll in seinem Sattel. Er hat die erste Runde gewonnen.

Ritterspiele

Da Ritter auch in Friedenszeiten das Kämpfen trainieren mussten, lud man sich gegenseitig zu Turnieren ein. Solche freundschaftlichen Kämpfe zogen Ritter von überall her an.

Vor einem Turnier kündigten **Herolde** die Teilnehmer an. Sie kannten sich mit Wappen und den genauen Regeln aus.

Da Ritter in Rüstung alle gleich aussahen, waren sie nur schwer zu unterscheiden. Deshalb schmückten sie ihren Schild und die Pferdedecke mit Zeichen und Bildern. Daraus wurden dann die **Wappen**.

Es gab verschiedene Wettkämpfe. Beim **Tjost** traten Ritter im Zweikampf an. Sie mussten versuchen, sich gegenseitig mit der Lanze aus dem Sattel zu heben.

Der **Buhurt** war ein Massenkampf, bei dem zwei Gruppen von Rittern wie in einer richtigen Schlacht gegeneinander antraten. Allerdings durften sie dabei nur stumpfe Waffen benutzen.

Dem erfolgreichen Sieger eines Turniers wurde ein Siegerkranz überreicht. Oft gab es auch wertvolle Preise, wie Jagdfalken oder Gold und Silber.

Geheimpost

„Mehr Bier“, grölt Ritter Eberhart, während er sich mit einem Messer in den Zähnen herumstochert.

Gregor, der Pagenjunge, greift hastig nach dem Bierkrug und füllt den leeren Becher.

„Kannst du nicht aufpassen!“, fährt ihn der Ritter grob an, als etwas Bier danebengeht. In diesem Augenblick kracht es draußen vor der Burg. Der Schall zieht durch die Gänge bis in den Saal, wo die Mauern leise beben. Doch das bringt Ritter Eberhart von Berwartstein nicht aus der Ruhe. Genussvoll hebt er seinen Becher und leert ihn in einem Zug.

„Die Straßburger wollen es einfach nicht wahrhaben, dass unsere Burg uneinnehmbar ist“, stellt er rülpsend fest. „Egal, wie viele ihrer lächerlichen Steingeschosse sie auf unser Gemäuer ballern, sie werden es doch nicht schaffen, uns kleinzukriegen.“

„Mit ihren Kriegsmaschinen vielleicht nicht“, stimmt ihm seine Frau leise zu. „Doch es gibt auch andere Methoden.“

„Andere Methoden?“ Ritter Eberhart blickt sie spöttisch an, während er sich ein Stück Fleisch in den Mund schiebt.

„Unsere Vorräte reichen nur noch wenige Wochen. Wenn die Straßburger uns noch länger belagern, werden wir alle verhungern ...“

„Schweig, Frau“, unterbricht sie der Ritter. „Bis dahin haben sie längst aufgegeben.“ Und wieder knallt von draußen ein Steingeschoss in die Mauern.

„Anfangs ist man nur noch Haut und Knochen“, erklärt Gregor seinem Freund Oswald, als sie wenig später in der verrauchten Küche hungrig ihren Gerstenbrei verschlingen. „Danach vertrocknet die Haut und wird durchsichtig wie dünnes Pergament ...“

„Es reicht!“, unterbricht ihn Oswald. „Ich finde es schlimm genug, dass wir uns hier mit Brei zufrieden geben müssen, während Ritter Eberhart sich an Schinken und Kohl satt isst. Auf deine Schauermärchen vom Hungertod kann ich da leicht verzichten.“ Gierig löffelt er mit Gregor aus der Holzschüssel um die Wette. „Hättest du nicht auch mal wieder Lust auf Fleisch?“

„Und ob“, erwidert Gregor. „Bei uns zu Hause gab es den köstlichsten Wildschweinbraten.“ Sehnsüchtig denkt er an die elterliche Burg, den Vater, der ihn manchmal mit auf die Jagd nahm ... Plötzlich kommt ihm eine Idee. „Du kennst dich doch mit Falken aus, oder?“

„Natürlich“, erwidert Oswald stolz. „Immerhin bin ich der Sohn des Falkners. Vater lässt die Falken manchmal sogar von meiner Hand aus losfliegen.“

„Ich hab’s“, grinst Gregor. „Wir lassen uns unseren Braten einfliegen.“

„Wie bitte?“ Oswald blickt den Freund verständnislos an.

„Na, ganz einfach“, erklärt Gregor. „Wir lassen vom Turm aus einen der Falken fliegen, und mit etwas Glück bringt er uns ein Kaninchen zurück.“

„Spinnst du? Mein Vater würde das nie erlauben.“

„Du Dummkopf! Wir lassen den Falken natürlich heimlich fliegen.“

„Mhm." Oswald überlegt. „Das ist nicht ungefährlich. Die Feinde könnten ihn mit Pfeilen abschießen." Doch der Gedanke an Kaninchenbraten ist zu verlockend, und er lässt sich schnell überreden.

Wenig später steigen die beiden Jungen die Wendeltreppe zum Falkenzimmer hoch. Sie wissen, dass Oswalds Vater gewöhnlich erst am Abend kommt, um die Tiere zu füttern, und der Rest der Besatzung damit beschäftigt ist, die Angreifer abzuwehren.

Da bleibt Gregor plötzlich stehen. „Hörst du das auch?"

Oswald nickt. Oben aus dem Turmzimmer kann man aufgeregtes Krächzen hören. „Das sind die Falken", erklärt er. „Irgendetwas stimmt hier nicht. Lass uns lieber wieder umkehren."

Doch darauf lässt sich Gregor nicht ein. Er nimmt Oswald bei der Hand, und vorsichtig schleichen sie weiter die Stiegen hoch, schieben den Riegel zur Seite und

öffnen die Tür. Nur ein schmaler Streifen Tageslicht fällt durch das Fenster in die Kammer. Die Raubvögel, die wie Hühner auf einer Stange sitzen, flattern aufgeregt mit den Flügeln. Ihre Augen sind mit Lederkappen bedeckt, und ihre Klauen sind festgebunden. Oswald spricht beruhigend auf die Falken ein, während Gregor sich in der Kammer umsieht.

„Das gibt's doch nicht", staunt er. „Ein Wunder!" Dann grinst er breit. „Was hältst du eigentlich von gebratener Taube?"

Auch Oswald traut seinen Augen nicht. Unter dem Fenster kauert eine graue Taube, die die Jungen mit ihren schwarzen Augen ängstlich anstarrt.

„Wenigstens wissen wir jetzt, wieso sich die Falken so aufführen“, stellt er fest. „Die denken, es gibt was zu futtern.“

Oswald pirscht sich langsam an die Taube heran. Dann greift er blitzschnell zu und hebt sie stolz hoch. „Unser Abendessen!“ Erst dann bemerkt er das winzige Pergament am Hals des Vogels.

„Was ist denn das?“ Neugierig löst er den Zettel und faltet ihn auseinander.

„Da stehen Buchstaben drauf. Kannst du lesen?“

Gregor schüttelt den Kopf. „Es könnte eine geheime Nachricht von den Feinden sein“, meint er.

„Genau“, ergänzt Oswald. „Wir haben einen Verräter auf der Burg.“

Vor lauter Aufregung merken die beiden Jungen nicht, dass sich die Tür öffnet und ein Mann die Kammer betritt.

„Was habt ihr hier zu suchen?“ Die strenge Stimme des Falkners lässt die Jungen auffahren. „Ihr wisst genau, dass ihr ohne meine Erlaubnis nicht zu den Falken dürft.“

„Wwwir sind einem Verräter auf dder Spur“, stottert Oswald kleinlaut.

„Unsinn“, tadelt ihn der Vater. Da reicht ihm Oswald den Zettel. Zuerst wird der Falkner rot im Gesicht, dann fängt er an, schallend zu lachen.

„Verräter?“, prustet er los, und es kommen ihm vor Lachen die Tränen. „Das hier ist ein Liebesbrief. Er ist für Burgfräulein Roswitha von ihrem Verlobten. Er schickt ihr alle paar Wochen eine Brieftaube.“

„Schade“, murmelt Gregor enttäuscht. „Doch kein Verräter. Und aus unserem Taubenbraten wird wohl auch nichts.“

Burgen

Da sich Ritter ständig bekriegten, lebten sie in Burgen, die man bei Angriffen leicht verteidigen konnte. Viele waren auf steilen Felsen gebaut oder von tiefen Wassergräben umringt. Von hohen Wachtürmen aus konnte man genau sehen, wenn sich Feinde näherten.

Burgen waren von dicken, hohen Mauern umgeben. Der einzige Eingang war meist durch eine bewegliche **Zugbrücke** abgesichert. Außerdem gab es im Torweg **Fallgitter**, die man hinunterlassen konnte.

Um sich gegen Angreifer zu verteidigen, benutzten die Burgbewohner Waffen wie **Armbrust** und **Pfeil und Bogen**. Man goss aber auch heißes Pech oder Öl und geschmolzenes Blei auf die Feinde oder bewarf sie mit Steinen.

Die Angreifer benutzten riesige **Steinschleudern** und bewegliche Belagerungstürme, mit denen sie versuchten, die Burgmauern zu erstürmen. Oft wurden Burgen so lange belagert, bis den Bewohnern die Vorräte ausgingen und sie sich freiwillig ergaben.

In Friedenszeiten feierten die Ritter Feste, veranstalteten Turniere oder gingen auf die Jagd. Besonders beliebt war die **Beizjagd**, bei der man Falken einsetzte.

Der geheimnisvolle Fremde

„Die Dächer sind alle aus Gold“, berichtet Hubert. „Wenn die Sonne scheint, blenden sie so, dass man sich die Hand vor die Augen halten muss.“

„Hubert“, mahnt ihn die Mutter. „Musst du immer Lügengeschichten erzählen?“

„Aber es stimmt doch“, sagt der Junge trotzig. „Pater Benedikt ist selbst in Jerusalem gewesen und hat es mit eigenen Augen gesehen.“

„Genau“, verteidigt Walther den Bruder. „Er hat uns auch erzählt, dass es dort buckelige Lasttiere gibt, die tagelang ohne Wasser auskommen.“

„So seid doch endlich still“, mischt sich Gudrun ein. „Ihr wisst, dass Vater von genau diesem Kreuzzug nicht zurückgekommen ist. Ihr braucht uns nicht ständig daran zu erinnern.“

Die brennenden Holzscheite knacken und prasseln im Kamin. Man kann den eisigen Wind hören, der draußen um die Burg pfeift. Angestrengt versucht Walther, sich an den Vater zu erinnern, doch es gelingt ihm nicht. Kein Wunder, er war ja noch ein kleines Kind, als Ritter Leonhard mit dem Kaiser vor mehr als sechs Jahren loszog, um Jerusalem von den Belagerern zu befreien. Plötzlich zieht ein kühler Luftzug durch den Raum. Die schwere Tür öffnet sich, und Hugo, der alte Wachmann, kommt hereingehumpelt.

„Gnädige Frau“, keucht er atemlos. „Ein Fremder ist auf dem Weg zu uns.“

„Freund oder Feind?“ Burgfrau Mathilde blickt von ihrem Nähzeug auf.

„Weiß ich nicht“, sagt Hugo verlegen. „Bei diesem Schneegestöber kann man kaum etwas sehen.“

„Los“, ruft Walther aufgeregt. „Das dürfen wir uns nicht entgehen lassen.“ Die beiden Jungen rennen los. Gudrun folgt ihnen dicht auf den Fersen. Wenig später drängen die Geschwister sich in der Wachstube um die schmale Schieß-scharte. Von hier aus hat man einen guten Ausblick über den Weg, der sich den Hang zur Burg hochschlängelt. Tatsächlich können sie in den wirbelnden Flocken die Umrisse eines Reiters erkennen, der sich durch den Schnee kämpft.

„Der Mann kann sich kaum auf dem Pferd halten“, stellt Gudrun fest. „Er scheint krank zu sein.“ In diesem Augenblick gleitet der Fremde aus dem Sattel und plumpst in den Schnee, wo er bewegungslos liegen bleibt.

„Kommt, wir müssen ihm helfen!“

„Vorsicht!“, warnt Hubert seine

Schwester. „Es könnte sich um eine Falle handeln."

„Unsinn", erwidert Gudrun entschieden und eilt die Stufen hinab.

Hugo hat schon den schweren Riegel des Tores zur Seite geschoben und ist gerade dabei, die Zugbrücke herunterzulassen. Die rostige Kette rasselt, und die hölzerne Winde quietscht. Schließlich landet die Brücke mit einem dumpfen Knirschen auf der anderen Seite des Grabens.

Kurz darauf kniet Gudrun neben dem Mann im Schnee. Sie berührt seine Stirn.

„Er hat hohes Fieber", stellt sie fest.

Alle packen mit an und schleppen den Kranken in die Kemenate, wo sie ihn auf ein Strohlager betten. Burgfrau Mathilde beginnt, ihn aus seinem nassen Umhang zu schälen und in eine warme Decke zu wickeln.

„Ein Bettler“, murmelt Walther, der sich den zerrissenen Mantel anschaut.

„Das glaube ich nicht“, sagt sein Bruder. „Oder hast du schon mal einen Bettler mit Goldschmuck gesehen?“ Er deutet auf den dicken Siegelring am Finger des Mannes. „Das ist bestimmt ein Edelmann, der in Verkleidung durchs Land reist.“

„Meinst du etwa wie Richard Löwenherz?“ Walther ist plötzlich ganz aufgeregt.

„Genau wie der. Und kannst du dich erinnern, was mit dem passiert ist?“, grinst Hubert.

„Na klar doch. Er hatte vergessen, seinen wertvollen Schmuck abzunehmen, und wurde daran erkannt. Man hat ihn gefangen genommen, und der Kaiser hat ihn erst gegen ein hohes Lösegeld wieder freigegeben.“ Begeistert klatscht er in die Hände. „Mensch, Hubert, könnten wir das nicht auch tun? Ein Lösegeld für den Mann verlangen?“ Er zieht den Ring vom Finger des Fremden und untersucht ihn im Feuerschein. Doch plötzlich lässt er das Schmuckstück zu Boden fallen.

„Pass doch auf“, fährt ihn die Schwester an und hebt den Ring vorsichtig auf. Sie betrachtet das Zeichen darauf genauer. „Mutter“, sagt sie schließlich stockend und reicht den Ring mit zitternden Händen an die Burgfrau weiter. „Da ist unser Familienwappen drauf.“

Doch Frau Mathilde lässt sich nicht so

schnell aus der Ruhe bringen. Sie betrachtet ihn kurz und fährt wortlos fort, den Mann zu verarzten.

„Ist das unser Vater?“, fragt Walther leise. Ungläubig mustert er den bärtigen, verwahrlosten Mann, der immer noch bewusstlos auf dem Stroh liegt.

„Nein!“ Die Burgfrau schüttelt den Kopf. „Das ist nicht euer Vater.“

„Aber woher hat er dann den Ring?“

„Vielleicht hat er ihn gestohlen“, schlägt Hubert vor.

Die Mutter hebt den Kopf des Kranken und versucht, ihn mit der Fleischbrühe zu füttern, die die Magd aus der Küche gebracht hat. Genau in diesem Augenblick schlägt der Mann die Augen auf.

„Frau Mathilde?“, krächzt er und fährt sich mit der Zunge über die trockenen Lippen.

Die Mutter nickt.

„Sie kennen mich nicht“, erklärt er mit schwacher Stimme. „Als Sie meinen

Bruder geheiratet haben, war ich längst Ordensritter im Heiligen Land."

„Ritter Gunther?", flüstert die Mutter und wird ganz blass.

Der Mann lächelt. „Ja, ich bin Ihr Schwager. Und ich bringe gute Nachrichten: Leonhard lebt. Einer seiner Mitgefangenen hat mir berichtet, dass es ihm gelungen ist, dem Kerker der Feinde zu entfliehen. Er ist auf dem Heimweg."

Walther fehlen die Worte. Doch da packt ihn schon sein Bruder an den Händen und wirbelt ihn im Kreis herum. „Vater lebt!", ruft er. „Vater lebt!"

Kreuzritter, Kreuzzüge und Ritterorden

Viele Menschen pilgerten nach Jerusalem, Bethlehem und Nazareth, um zu sehen, wo Jesus gelebt hatte. Obwohl Palästina in arabischer Hand war, kamen Christen und Muslime gut miteinander aus.

Im 11. Jahrhundert eroberten türkische Stämme das Gebiet. Das wollten die Christen sich nicht gefallen lassen, und Papst Urban rief die Ritter zu einem heiligen Krieg auf. Der erste von acht blutigen **Kreuzzügen** begann.

Die Ritter, die nach Palästina zogen, schnitten Stoffkreuze aus und befestigten diese an ihren Mänteln. Im Namen Gottes richteten sie bei der Eroberung Jerusalems ein gewaltiges Blutbad an.

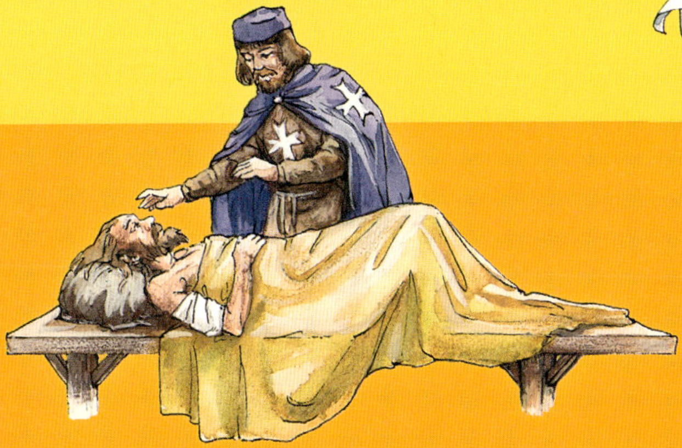

Nachdem es den Kreuzrittern gelungen war, die „Ungläubigen“ zu vertreiben, boten Ritterorden wie die Johanniter den Pilgern Schutz und pflegten die Kranken.

Kaiser Friedrich Barbarossa, der am 3. Kreuzzug teilnahm, ertrank schon auf dem Hinweg. Er war nicht der Einzige, der nie wieder in die Heimat zurückkehrte. Viele Ritter wurden Opfer von Krankheiten und Seuchen. Andere kamen in Gefangenschaft oder ließen sich in der Fremde nieder.

Renée Holler, Jahrgang 1956, studierte Ethnologie und arbeitete zunächst als Buchherstellerin, bevor sie auf Reisen rund um die Welt ging. Seit 1992 lebt sie mit ihrem Mann und zwei Kindern in England, wo sie schreibt und übersetzt.

Silvia Christoph, geboren 1950, studierte Grafik-Design und arbeitet seit mehr als 20 Jahren als freie Illustratorin. Heute schreibt und illustriert sie Kinderbücher und ist für zahlreiche Verlage tätig. Sie ist außerdem Musikerin, spielte in verschiedenen Bands und arbeitete als Studiosängerin für Disney-Produktionen.